SONHOS CERCADOS DE ÁGUA

Vistas de cima, todas as ilhas apresentam a mesma característica que as define nos livros de escola: são pedaços de terra cercados de água por todos os lados. Porém, basta desembarcar em uma delas para perceber que, embora semelhantes na geografia, cada qual tem suas peculiaridades, uma alma própria que a torna especial e diferente de qualquer outro destino do planeta.

Enquanto a Polinésia Francesa estampa catálogos das agências de viagem com seus charmosos bangalôs suspensos sobre as águas cristalinas do Pacífico Sul, por exemplo, o Caribe é lembrado pelo clima dançante, pelas histórias de piratas e por enseadas de mar tão tranquilo quanto uma piscina, bem diferentes das ondas gigantescas que transformaram o Havaí na meca do surfe mundial. E se a maior parte das ilhas europeias preza pela atmosfera de badalação e requinte à beira-mar, outros cantinhos da Ásia, da Oceania e até mesmo das Américas cativam pelo exotismo de suas paisagens, como os templos de Bali, a Grande Barreira de Corais da Austrália, as diversas espécies endêmicas que teimam em habitar Galápagos e os misteriosos moais que parecem vigiar a costa de Páscoa, a ilha mais isolada do mundo.

Para facilitar a pesquisa, os destinos apresentados aqui estão divididos entre os oceanos Atlântico, Índico e Pacífico, já que todas as ilhas selecionadas são banhadas por águas salgadas (nenhuma é fluvial) e, de alguma forma, provenientes de um desses três grandes oceanos, mesmo que estejam situadas em mares mediterrâneos – aqueles que apresentam, em algum ponto, uma pequena ligação com outro mar ou oceano.

Divirta-se com as paisagens e os traços culturais das 50 ilhas mais espetaculares do planeta, que certamente o farão ter sonhos de Robinson Crusoé ou Capitão Cook na hora de definir a próxima viagem.

Índico 8

Atlântico 20

50 LUGARES ESPETACULARES
ILHAS

PAISAGENS FASCINANTES | LAZER E DIVERSÃO | HISTÓRIA E CULTURA

EDITORA EUROPA

Editora Europa
Rua MMDC, 121 - CEP 05510-900 - São Paulo, SP
Telefone (11) 3038-5050, Fax (11) 3038-5040
atendimento@europanet.com.br
www.europanet.com.br

Editor e publisher Aydano Roriz
Diretor executivo Luiz Siqueira
Diretor editorial Roberto Araújo

Edição Heloísa Cestari
Paulo Basso Jr.
Edição de arte Alexandre Dias (Nani)
Revisão de texto Cátia de Almeida

Dados Internacionais de Catalogação na Publicação (CIP)
(Daniela Momozaki – CRB8/7714)

Basso Junior, Paulo
Ilhas: 50 lugares espetaculares / Paulo Basso Junior
São Paulo : Editora Europa, 2016 (Viaje mais)

ISBN 9788579604119

1. Viagens Guias I. Título II. Basso Junior, Paulo

CDD 910.202

Índice para o catálogo sistemático
1. Viagens : Guias : 910.202

Comercial e Livrarias
Ezio Vicente - ezio@europanet.com.br - (11) 3038-5042
Paula Hanne - paula@europanet.com.br - (11) 3038-5100

Assinaturas e Atendimento ao leitor
Fabiana Lopes - fabiana@europanet.com.br
0800 8888 508 / (11) 3038-5050

Promoção
Aida Lima - aida@europanet.com.br - (11) 3038-5118

Impressão e Acabamento: Gráfica Arvato

Pacífico 70

Oceano Índico

Maldivas

Seu litoral é tão exuberante que lhe rendeu o apelido de Diva do Mar. E não é para menos. As 1.196 ilhas desse arquipélago, divididas em 26 atóis, inspiram qualquer visitante com a perfeita combinação de areias albinas, mar azul-turquesa e hotéis de alto luxo, que oferecem desde spas suntuosos até bangalôs exclusivos. A transparência e a temperatura das águas (em torno de 30 °C) fazem um convite irresistível aos praticantes de qualquer esporte aquático. Mas é bom ficar atento ao calendário. De abril a outubro, o atol North Male lota de surfistas em busca de ondas gigantes – só no Havaí e em outras pouquíssimas ilhas do Pacífico há ondas semelhantes às da região. Já entre setembro e novembro, a prioridade é o atol Outer, cenário de um dos mais famosos filmes de surfe da história. Se você prefere mar tranquilo, vá nos meses de dezembro e janeiro, pois é a melhor época para descansar em Malé, a capital das Maldivas, que contrasta com a atmosfera selvagem dos atóis vizinhos, oferecendo grande número de lojas refinadas e restaurantes especializados na maior iguaria local: o atum amarelo.

As Ilhas Maldivas ficam na Ásia, a sudoeste da Índia e do Sri Lanka.

Arquipélago soma 1.196 ilhas distribuídas em 26 atóis, um mais lindo que o outro

A praia de Anse Source D'Argent, em La Digue, é eleita por muitas revistas a mais bonita do mundo

Seychelles

Um dos destinos mais exclusivos do mundo, Seychelles é a terra do Vallée de Mai, um parque com árvores endêmicas que os nativos acreditam ser o Jardim do Éden. E essa não é a única característica que remete o imaginário à idealização do paraíso. Afinal, suas 115 ilhas abrigam algumas das praias mais lindas do mundo em uma atmosfera de absoluta privacidade, que atrai casais em lua de mel e celebridades do mais alto quilate. Com os *paparazzi* a léguas de distância, é possível relaxar longe dos holofotes e ser mimado com regalias que poucos hotéis no mundo são capazes de oferecer. De quebra, todos conhecem espécies de fauna e flora só encontradas nessa porção do planeta, formada por pedaços de terra que se desprenderam do continente africano há milhares de anos. Por isso, os principais cantinhos do arquipélago – como Mahé, Praslin e La Digue – são compostos de materiais de origem continental. Além de curtir o bem-bom nos resorts, vale praticar windsurfe em Beau Vallon e caiaque em Anse à Mouche, mergulhar com tartarugas em Moyenne e, claro, bancar Adão e Eva na naturalista Ponta Noroeste. Afinal, o Éden está logo ali.

As ilhas de Seychelles estão espalhadas a norte e nordeste de Madagascar, na África.

Ilhas Maurício

As Ilhas Maurício são um reduto do Velho Continente na África, destino de férias de franceses, alemães e italianos. Portanto, esqueça o bermudão, a camisa estampada, o chinelo de dedo e outras roupas usadas na maioria das ilhas. O traje para jantar nos hotéis locais beira o social: homens de calça comprida (vale *jeans*) e mulheres, em sua maioria, de saia. Apesar da presença constante de europeus, o arquipélago, de 1.865 km², insiste em preservar suas origens. Prova disso é que, embora o país tenha o inglês como idioma oficial, seus habitantes costumam falar *creole* ou, no máximo, francês. Grand Baie, ao norte, é um dos principais destinos. É lá que ficam os hotéis com todas as opções de estrelas, restaurantes internacionais, lojinhas de grife e algumas caminhonetes coloridas que vendem sorvete. Outro ponto imperdível para os compradores inveterados é a capital Port Louis. Já os aficionados por praia, sol e sossego devem contratar o passeio de um dia até Ile aux Cerfs, com direito a *tour* de catamarã, cachoeira, mergulho com *snorkel*, drinques e um churrasco caprichado.

Maurício fica 800 km a leste da ilha de Madagascar, na África.

Passeios de um dia permitem mergulhar (página ao lado) ou simplesmente descansar em praias de águas tão tranquilas quanto uma piscina

Restaurante construído sobre uma rocha no meio da água é só uma das inúmeras paisagens exóticas da terra de Freddie Mercury

Zanzibar

As praias de areia alva e água cristalina, por si sós, já impressionam. Assim como as paisagens exóticas, o luxo dos resorts, as noites árabes embaladas por lendas da Antiguidade e as ruelas tortuosas por onde sempre paira um agradável aroma de especiarias. Nada é mais mítico, porém, do que o fato de Freddie Mercury ter nascido ali, na capital Stone Town (Cidade de Pedra), em 5 de setembro de 1946. Na época, as duas ilhas (Pemba e Unguja ou Zanzibar) pertenciam às colônias britânicas. As casas com portas de madeira talhada, por sua vez, remetem aos tempos em que a região foi invadida por sultões omanis, comerciantes indianos e até portugueses à procura de uma passagem para suas caravelas. Hoje, formam um Estado semiautônomo da Tanzânia, que encanta turistas com sua cultura miscigenada, meio africana, meio oriental, que se reflete nos muitos temperos da gastronomia e na hospitalidade de seu povo, sempre pronto para guiar o visitante em alguns dias inesquecíveis de praia com safári.

Zanzibar fica ao largo da costa da Tanzânia, na margem leste africana.

Cenário do filme A Praia*, Phi Phi continua com refúgios intactos, protegidos por gigantescas falésias de pedra calcária*

Phi Phi

Desde que o filme *The Beach* (*A Praia*) ganhou as telas de cinema em 2000, o sossegado arquipélago de Phi Phi nunca mais foi o mesmo. Milhares de turistas passaram a sonhar com o cenário de uma praia secreta, de mar verde-esmeralda, cercada por majestosas falésias de pedra calcária e habitada por ninguém menos que Leonardo DiCaprio. Pode até parecer devaneio, mas não é difícil chegar a esse refúgio. Saindo de Phuket ou de Krabi, são 2h30 de *ferryboat* ou apenas 50 minutos de lancha rápida. É bem verdade que não dá para esquecer o terrível *tsunami* que atingiu a Tailândia em 2004. Porém, a revitalização que sucedeu a tragédia só fez crescer a fama – e os preços – nas ilhas Phi Phi. Uma delas, Koh Phi Phi Don, concentra hotéis, bares, restaurantes e centros de mergulho em um cantinho espremido entre as praias de Ton Sai e Loh Dalam. Já a Koh Phi Phi Leh (onde fica a tal praia) virou parque nacional, o que ajudou a manter o visual tão intacto quanto se viu no longa – com tubarões e tudo! –, mesmo sendo visitado por centenas de turistas todos os dias. Uma beleza, de fato, cinematográfica.

As ilhas Phi Phi pertencem à Tailândia, no Sudeste Asiático. Estão localizadas entre a Indochina e a Península Malaia.

Oceano Atlântico

Zakynthos

Ao contrário de Mykonos e Santorini, não espere encontrar casinhas brancas com portas e janelas pintadas de azul, em evidente alusão à bandeira da Grécia, na ilha de Zakynthos. Embora pertença à terra dos deuses do Olimpo, esse pedaço de terra cercado pelas águas do Mar Jônico tem mais influência italiana e é muito visitado por ingleses – alguns estabelecimentos chegam a aceitar libras. Além de razões históricas (foi a Itália que protegeu a região do domínio otomano), o motivo para a presença de tantos estrangeiros está em suas águas. Como o fundo é de calcário, o mar assume uma tonalidade extremamente azul e cristalina. Convite praticamente irresistível para um mergulho, sobretudo no verão, quando os termômetros batem facilmente os 40 °C. Os preços também são convidativos. Por isso, não hesite em procurar uma agência local para contratar os melhores passeios, como as praias de Vassilikos e Gerakas, ao sul; as grutas de Blue Caves, ao norte; a belíssima orla de Navagio e os *tours* para mergulho com cilindro nos destroços de um navio naufragado em Shipwreck Bay. Por fim, curta o agito noturno em Laganas.

Zakynthos pertence à Grécia. Fica a noroeste do país e é a terceira maior ilha do Mar Jônico.

Praia de Navagio, uma das mais bonitas de todo o litoral europeu

Santorini

A Grécia abarca milhares de ilhas, mas nenhum cartão-postal arranca tantos suspiros dos turistas quanto Santorini. Impossível não ficar fascinado com o aglomerado de casinhas caiadas de branco e igrejinhas de domo azul penduradas nas escarpas, quase verticais, a 300 metros de altura, como se quisessem se jogar no azul profundo do mar. A ilha é a maior do arquipélago, formado por sucessivas explosões de um dos vulcões submersos no Mar Egeu. Firá, a capital, tem ruas estreitas e calçadas com pedras, que seguem à beira da encosta e, por vezes, descem por labirintos repletos de bons restaurantes e cafés charmosos. Logo abaixo, fica o porto antigo, de onde saem os passeios de barco. Vale passear por lá de teleférico ou no lombo de mulas, um dos símbolos da cidade. Assim como as ruínas milenares de Firá Antiga, as praias são uma grande atração, com destaque para a da Vila de Kamári, coberta de pedregulhos cinza, e para Oia, que tem o pôr do sol mais belo do mundo. Bom motivo para puxar um brinde regado a Vinsanto, o ótimo vinho local. Tim-tim!

Santorini está no sul do Mar Egeu, a 200 km da Grécia continental.

Conjunto de casas brancas e igrejinhas de domo azul forma um dos cartões-postais mais famosos da Grécia

Mykonos

A fama de baladeira transformou Mykonos no maior *point* do verão grego por muitos e muitos anos. Primeiro, a ilha foi "descoberta" por jovens abastados que só queriam se divertir. Em seguida, a ilustre visita de Jackie Onassis fez o *jet set* internacional se instalar ali, incrementando o número de restaurantes refinados, lojas de grife e joalherias. Na década de 1980, foi a vez do público homossexual tomar conta do pedaço, promovendo baladas bem liberais, onde praticamente todos os excessos eram permitidos. Depois, esse ímpeto arrefeceu e Mykonos voltou a se apresentar com a imagem do que nunca deixou de ser: um charmoso recanto onde toda casa mantém guirlandas de flores enfeitando a porta e coloridas primaveras adornando as janelas e sacadas de madeira azul. A colina dos moinhos e suas mais de 300 igrejas formam um dos mais belos cartões-postais da ilha. E o clima de *glamour* nunca sai de moda, especialmente em Little Venice, o bairro dos artistas, onde estão concentrados ateliês, lojas e restaurantes que acabam no mar.

Mykonos faz parte do arquipélago das Cíclades, no Mar Egeu, região leste da Europa.

Elegante e liberal, Mykonos nunca sai de moda, promovendo grandes eventos à beira-mar e esbanjando charme no bairro Little Venice (abaixo)

OCEANO ATLÂNTICO

Ilha da Madeira

Relaxar na Ilha da Madeira sempre foi uma ideia recorrente entre monarcas e chefes de Estado europeus, como o ex-primeiro-ministro britânico Winston Churchill, a rainha Sílvia, da Suécia, e Sissi, a mais lendária imperatriz da Áustria. Afora todas essas personalidades, simples "plebeus" também costumam se encantar com a ilha, que pertence a Portugal. Afinal, há muito que fazer por lá, e sempre com total segurança. Depois de assistir a um concerto da mais antiga orquestra de cordas do mundo, a Madeira Mandolin Orchestra, ou participar de um jantar seguido de *show* no cassino, os turistas podem voltar caminhando para o hotel, em plena madrugada. De quebra, você encontra excelentes restaurantes de frutos do mar e lojas de grife, conhece um dos mais bonitos jardins do mundo e pode até passear de balão ou a bordo de uma réplica da caravela Santa Maria – aquela, do Cristóvão Colombo, que morou alguns anos na ilha. Definitivamente, as celebridades sabem escolher seus refúgios.

A Ilha da Madeira fica a 685 km da costa africana e a 973 km de Lisboa, a capital portuguesa.

Ilha esbanja cenários naturais que atraem personalidades de todas as partes do mundo

Mistura de várias culturas e belas praias faz da ilha espanhola um lugar especial

Maiorca

Quase todos os 5 milhões de turistas que visitam Maiorca anualmente procuram três coisas: praia, sol e gente bonita. Mas a maior das Ilhas Baleares tem mais a oferecer. A capital, Palma, apresenta uma vida noturna tão agitada quanto o passado do arquipélago, marcado por invasões de cartagineses, romanos, bizantinos e árabes até ser dominado pelos espanhóis no século 13. O que poderia se transformar num problema de identidade virou uma deliciosa mistura cultural, que faz da região um lugar único. As vielas de Palma, por exemplo, lembram uma medina, flanqueada pelo Castelo Bellver, bons restaurantes e uma catedral gótico-gaudiana. Já a costa noroeste abriga uma zona de oliveiras, pinheiros e aldeias com casinhas de pedra. E por trás das colinas rochosas, vislumbram-se as mansões de Cala Mayor e a Casa Miró, revelando um mundo totalmente alheio ao burburinho de Palma. Seja lá em que ponto da ilha estiver, uma coisa é certa: você verá um dos mais belos poentes de sua vida.

Maiorca pertence às Ilhas Baleares e fica a leste da Espanha.

A ilha que ferve de noite nas casas noturnas é pacata e perfeita para relaxar durante o dia

Ibiza

Conhecida como Ilha do Diabo, Ibiza é a mais preciosa joia do arquipélago de Baleares. E é também um dos lugares mais liberais do mundo. Para conservadores, certamente não é o destino ideal. Já para quem está atrás de festa, é perfeito. Com atmosfera tipicamente mediterrânea, esse pedacinho de terra cercado pelo azul intenso do mar tem apenas 45 km de comprimento e 25 km de largura. Por isso, é possível conhecer toda a ilha em um único dia. Em contraste ao clima descolado que impera nas suas grandes discotecas, todos os povoados de Ibiza têm nomes de santo. E enquanto os baladeiros dormem após uma noitada de farra, a praia durante o dia é tomada por aqueles que gostam de mergulhar em águas cristalinas ou apenas tomar um banho de sol estirado nas areias branquinhas da região. Entre os passeios imperdíveis estão o Costão de Punta Galera, o centro histórico de Ibiza e os vilarejos de Santa Inês e San Miguel. Além, é claro, do célebre Café del Mar, um dos melhores locais para apreciar a despedida do astro rei anunciando a chegada de mais uma noite fervilhante.

Ibiza pertence ao arquipélago das Ilhas Baleares e fica a leste da Espanha.

Canárias

Sete ilhas principais e várias outras menorzinhas compõem o arquipélago espanhol das Canárias. A maior e mais famosa é Tenerife, cuja capital, Santa Cruz, tem jeito de cidade grande, com trânsito, prédios modernos e lojas de grife. De lá, pode-se seguir para o vilarejo Puerto de la Cruz, que é cheio de atrações. Basta uma caminhada pelo calçadão da praia para deparar com restaurantes, barracas, cafés e prédios históricos, como a Igreja de Nossa Senhora da Penha e o Castelo de San Felipe. Outra dica é visitar o Loro Parque, que guarda um dos maiores viveiros de papagaios e araras do mundo, ou ir até o Las Anguillas Jungle Park, zoológico no qual o turista tem contato direto com animais e ainda caminha por passarelas na altura da copa das árvores. Qualquer que seja o passeio, uma coisa é certa: a onipresença do vulcão Teide, que domina a paisagem com seus 3.718 metros. Quem gosta de natureza não deve deixar de visitar também as ilhas de Lanzarote e Fuerteventura, cujos cenários vão de antigos vulcões a enormes dunas, passando, claro, por praias deslumbrantes.

As Ilhas Canárias ficam em frente à face noroeste da costa da África.

Apesar do jeito de cidade grande, Santa Cruz, em Tenerife, mantém as construções históricas (esq.) tão bem preservadas quanto as águas que banham o seu litoral

Via Krupp: uma das mais espetaculares trilhas do mundo

Capri

Não se deixe levar pelas dimensões. Apesar de pequena, na ilha italiana de Capri há muito o que se ver e fazer. A natureza a brindou com águas cristalinas e uma vegetação exuberante, que mistura espécies mediterrâneas e tropicais. O homem completou o serviço transformando-a num *point* de excelente gastronomia e muita badalação tanto durante o dia, nas praias, quanto à noite, em seus inúmeros barzinhos e casas noturnas. Resultado? Mesmo com apenas 6 km de extensão e 2 km de largura, Capri vê sua população de 10 mil habitantes inchar para inacreditáveis 2 milhões de turistas na alta temporada. Felizmente, as severas leis de preservação natural compensam a quantidade de pessoas. Para um dia perfeito, desembarque na Marina Grande e faça o passeio de barco que dá volta completa na ilha, com parada na fascinante Gruta Azul. Depois, siga de ônibus até Anacapri e suba o Monte Solaro de teleférico. Por fim, visite a Villa San Michele, tome um café nas mesinhas da praça Piazzeta, veja as vitrines de luxo da Via Camerelle e siga até o mirante com vista para as ilhotas Faragalione – parada obrigatória para uma *selfie* ao pôr do sol.

Capri fica na Baía de Nápoles (Itália), banhada pelo Mar Tirreno.

Sardenha

Além das belezas naturais, a Sardenha tem como grande trunfo a cultura de seu povo, resultado de anos de aporte de fenícios, árabes, espanhóis e italianos. A miscigenação na ilha é tão impactante que até o Parlamento da Itália trata os nativos de forma diferente, chamando-os de *popolos* – que, ao pé da letra, significa "população distinta". O idioma também é diverso em dialetos. E a variedade de pontos turísticos não fica atrás. Fora a capital, Cagliari, há duas baías que vivem lotadas: Sardinia e Cannigione. Outro destino cobiçado é o porto pesqueiro Cala Gonone, que concentra grutas e praias ainda consideravelmente selvagens. E na costa oriental vislumbra-se a Cala Goloritzè, uma das faixas de areia mais bonitas do Mediterrâneo. Para quem visita a Sardenha pela primeira vez, vale fazer o *tour* que leva a todos esses atrativos. O passeio pode ser feito em comboios de trens que trafegam lentamente por toda a ilha ou em roteiros de barco que ligam os portos sardos às cidades francesas de Toulon e Nice e às italianas Savona, Livorno e Civita Vecchia.

A Sardenha fica no Mar Mediterrâneo, perto da Itália e da França.

Sicília

Máfia, *Cosa Nostra* e Don Corleone (do filme *O Poderoso Chefão*). Quando se fala na Sicília, muita gente logo pensa no lado obscuro da Itália. Bobagem. O país combateu os mafiosos e tudo ficou no passado. Situada a 120 km de Túnis, capital da Tunísia, a ilha tem um clima quente e árido como o norte da África. Palermo, sua principal cidade, era conhecida como o "paraíso da terra" no século 19. Os imponentes castelos Della Zisa e Di Maredolce, mais o Parco della Favorita, são testemunhas desse período, em meio ao trânsito maluco de hoje em dia. Um bom roteiro segue em direção à medieval Taormina, que tem praias bacanas e vários tesouros milenares, como o Teatro Grego, o Anfiteatro Romano e a Orelha de Dionísio, gruta artificial que recebeu esse nome de Michelangelo e Caravaggio. Ao fundo, lá está o vulcão Etna, o maior da Europa em atividade, mostrando que, ao contrário dos mafiosos, permanece no comando do pedaço, onipresente, dando suas tragadas lá de cima.

A Sicília é uma região autônoma da Itália e fica no Mar Mediterrâneo.

Teatro Grego: um dos tesouros milenares da medieval Taormina

Córsega

Por sua localização estratégica, a Córsega já foi disputada a tapa por diversos povos, desde a chegada dos gregos, no século 6 a.C., até a retomada da França em 1943, passando pelas mãos de mouros, genoveses, ingleses, italianos... Não bastassem tantas histórias de lutas e conquistas, a ilha ainda assistiu ao nascimento de Napoleão Bonaparte, em 1769, na cidade de Ajaccio. Por isso, quem visita a capital pode montar um roteiro de viagem inspirado nos passos do grande imperador francês. Mas a Córsega não se restringe à capital nem às histórias de seu ilustre filho. A ilha tem várias outras cidades interessantes, como Sartène, muito procurada por amantes de esportes náuticos; Corte, repleta de igrejinhas romanas; e Calvi, onde uma Torre de Sal desponta em meio a capelas dos séculos 15 e 16. Embora pertença à França, há muito de Itália tanto na gastronomia quanto na cultura local. Por isso, não saia de lá sem provar os aclamados torrones, vinhos e azeites produzidos pelos moradores. Uma delícia!

A Córsega fica no Mar Mediterrâneo, a oeste da Itália, e pertence à França.

Terra de Napoleão é banhada por um mar de azul intenso e protegida por enormes rochedos

Muito frequentada por jovens, Malta tem um dos points noturnos mais badalados da Europa

Malta

Com paisagens de tirar o fôlego e uma fervilhante vida noturna, o arquipélago de Malta é um dos mais badalados do Mediterrâneo. Porém, não tem uma identidade cultural bem definida. Também, pudera: suas três ilhas já foram invadidas por fenícios, romanos, turcos, ingleses e franceses. As praias mais bonitas ficam na selvagem Ilha de Gozo, que abriga a Gruta Calypso. Segundo a mitologia grega, foi ali que Odysseus permaneceu preso durante sete anos. A minúscula Ilha de Comino, por sua vez, tem como principal atração a Lagoa Azul: o lugar de águas mais claras de todo o Mediterrâneo. É em Malta propriamente dita – a maior das três ilhas do arquipélago homônimo – que se encontra a melhor infraestrutura turística. A massiva presença de jovens atraídos por cursos de inglês faz o bairro Paceville ter uma das noites mais animadas do mundo. De quebra, há três sítios arqueológicos com construções cercadas de mistérios, apontadas como as mais antigas do planeta ainda de pé. Uma mistura única de passado milenar e atmosfera jovial.

Malta fica no Mar Mediterrâneo, 90 km ao sul da Itália e 300 km ao norte da Tunísia.

Chipre

Turcos, gregos e europeus em geral conhecem há tempos as maravilhas da ilha mais meridional do Mediterrâneo, cuja história se prolonga por mais de 3 mil anos. Reza a lenda que foi lá que nasceu Afrodite, a deusa do amor, emergindo da espuma do mar como na imagem magistralmente pintada por Botticelli. Histórias à parte, hoje Chipre se destaca pela mescla perfeita de desenvolvimento urbano e costumes tradicionais. Em menos de 30 minutos, é possível percorrer os principais pontos da ilha e deparar com praias ensolaradas, montanhas que ficam cobertas de neve no inverno, sítios arqueológicos, prédios futuristas e baladas sem hora para acabar. O ponto de partida é Pafos, que conta com ruínas antigas, um belo forte medieval e restaurantes que exalam um irresistível aroma de especiarias. Já a atual capital, Nicosia, esbanja cosmopolitismo por trás de suas muralhas e construções da época em que os venezianos dominavam a região. Mas se gosta de tranquilidade, prefira a Península de Akamas, ao sul, que abriga hotéis mais intimistas, espécies raras de animais e praias belíssimas. Depois de conhecer tudo, fica fácil entender por que Afrodite teria se apaixonado por Adonis ali. O visual é mesmo inspirador.

Chipre está no leste do Mar Mediterrâneo, 70 km ao sul da Turquia e 100 km a oeste da Síria.

Península de Akamas, ao sul, é perfeita para quem busca conforto, sossego e belas praias

Hvar

Não é por acaso que os croatas chamam Hvar de Rainha do Arquipélago Dálmata. Com temperatura extremamente agradável durante o verão europeu, a ilha já foi apontada por diversas revistas de turismo como uma das mais belas do planeta. E sua fama não vem de hoje. Graças à localização estratégica, riquezas de vários períodos históricos já passaram pelo seu porto, dominado por gregos, romanos, turcos, austríacos e franceses, até ser anexado ao território da então Iugoslávia em 1922. Um bom passeio pela região começa no centro antigo de Hvar Town, que abriga várias construções do século 17. De lá, pode-se pegar um barco para as ilhas da baía de Pakleni, ir de *taxi boat* até a praia de Carpe Diem ou seguir por terra (carro ou bicicleta) entre as baías que banham a região. Durante o percurso, a paisagem se alterna entre praias intocáveis, campos de lavanda, vinícolas e oliveiras. O azeite de Hvar, aliás, é um dos mais apreciados da Croácia, e combina bem com a principal especialidade dos restaurantes: pescado fresco com vegetais.

Hvar fica na Croácia e é banhada pelo Mar Adriático.

Passeios pela ilha croata alternam construções seculares, vinícolas, tours de barco e olivais

Islândia

Assim que coloca os pés na Islândia, o turista logo entende por que os *vikings* a batizaram de Terra do Fogo e do Gelo. Formada por erupções ocorridas há 25 milhões de anos, a ilha é repleta de vulcões, praias de areia preta e gigantescas geleiras. A maior de todas elas, com 8,1 mil km², fica no Parque Nacional Vatnajökull, em meio a belíssimos lagos, penhascos e cachoeiras. O clima também merece capítulo à parte: entre os fins de junho e julho, o sol se mantém no céu praticamente o dia todo – só se põe depois da meia-noite e nasce três horas depois. Resultado: bares, restaurantes e danceterias da capital Reykjavik não fecham e todos ficam nas ruas para aproveitar a única época do ano em que se pode sair de casa sem passar muito, mas muito frio. Isso porque no inverno a situação vira do avesso: o sol dá o ar da graça apenas por algumas horinhas e quase todos os estabelecimentos comerciais cerram suas portas. Em compensação, é no frio que se pode conferir o belíssimo fenômeno da aurora boreal tingindo o céu de luzes coloridas. Um espetáculo simplesmente inesquecível.

A Islândia fica entre o norte da Europa e a Groenlândia. Sua face norte encosta no Círculo Polar Ártico.

Colônia britânica ostenta a fama de ter as águas mais lindas do Caribe e belos resorts

Turks & Caicos

Quase ninguém conhece a pequena colônia britânica de Turks & Caicos. O que é uma pena! Localizado ao sul das Bahamas, esse arquipélago ostenta a fama de ser banhado pelas águas mais lindas do Caribe – título que, convenhamos, não é nada fácil de ser conquistado diante das exuberantes ilhas da região. Todo esse clima de refúgio secreto faz parte do perfil emergente do destino, frequentado principalmente por ingleses e norte-americanos. Os costumes do Reino Unido, aliás, sobrevivem por lá até hoje. O trânsito, por exemplo, tem a mão invertida, embora a maioria dos carros tenha o volante do lado esquerdo. É quando se desce do automóvel em frente à praia, porém, que se descobre por que o nome desse pedacinho caribenho faz tanto sentido. Turks vem de turquesa, um (só um) dos tons do mar que banha a região, e que parece tentar o turista a mergulhar na imensidão azul de Providenciales – a ilha mais desenvolvida entre as cerca de 40 que compõem o arquipélago, embora a capital seja Gran Turks. Ali, pode-se nadar no meio dos peixes coloridos com *snorkel* ou ir a fundo com cilindro, para conhecer melhor os encantos de um dos maiores recifes de corais do planeta.

Turks & Caicos fica no Caribe, ao lado das Bahamas e a 1h45 de voo de Miami (EUA).

Bahamas

Cercadas por 200 mil km² de corais entremeados por nada menos que 2,4 mil ilhotas, as Bahamas mesclam natureza, clima tropical e atrativos criados pelo homem, como o envolvente ritmo *junkaboo*. Divertido e sensual, o som rola solto em todos os clubes de New Providence, ilha que abriga a capital, Nassau. É lá, por sinal, que se encontra a maior estrutura turística, com cassinos, resorts, shoppings e baladas fortes. Durante o dia, pode-se fazer passeios em pequenas embarcações até algumas ilhas. Mais da metade delas abriga apenas iguanas e orquídeas exóticas. Uma das atrações mais impactantes, no entanto, são os *blue holes* (em português, "buracos azuis"). Trata-se de um fenômeno que cria piscinas naturais onde há orifícios no fundo do oceano. Fora isso, há outras três ilhas em particular que atraem turistas para as Bahamas de acordo com o tipo de viagem que planejaram: Andros (perfeita para mergulhadores, com imensas cavernas subaquáticas), Exumas (boa para regatas) e Bimini, a preferida das celebridades de Hollywood.

As Bahamas ficam na região nordeste do Caribe, bem perto da Flórida (EUA).

Arquipélago é pontilhado por 2,4 mil ilhas pequeninas com praias de água transparente, clima tropical, espécies exóticas e excelentes resorts (acima)

The Baths abriga um labirinto de grutas ao ar livre com piscinas naturais rasinhas

Virgem Gorda

Qualquer semelhança não é mera coincidência. Vista de longe, a ilha de Virgem Gorda, no Caribe, lembra mesmo a silhueta de uma senhora obesa deitada. E tudo lá se passa como o metabolismo de quem está acima do peso: lentamente. É nesse ritmo sem pressa que os turistas relaxam em hotéis charmosos, exploram as ruínas de uma mina de cobre do século 19 e mergulham com *snorkel* na Baía do Diabo. Tudo em meio a uma natureza quase intocada. A praia mais famosa da ilha é The Baths, que abriga um labirinto de grutas ao ar livre com piscinas naturais rasas, iluminadas pelos raios de luz que penetram pelas fendas. Dá vontade de passar o dia inteiro ali, só curtindo o clima de sossego. Porém, sua orla nem sempre foi assim: no passado, o arquipélago – descoberto por Cristóvão Colombo em 1493 – foi rota de piratas famosos, como o Barba Negra. Não à toa, suas águas servem hoje de cenário para impressionantes mergulhos em naufrágios históricos.

Virgem Gorda pertence às Ilhas Virgens Britânicas, no Caribe, e fica a leste de Porto Rico.

Saint John

Sem aeroporto nem cais, Saint John parece ser uma daquelas joias caribenhas intocadas, que só existem em histórias de pirata. Dois terços da área ficam em um parque nacional protegido e até os resorts típicos da América Central são escassos ali. No lugar deles, prevalecem os *campings* com barracas de lona permanente, que cobram valores mais razoáveis pela hospedagem e garantem a conservação do meio ambiente. Suas duas principais cidades ficam em pontos extremos da ilha. Uma delas é a Baía Cruz, porta de entrada da reserva verde. Várias trilhas partem dali, serpenteiam entre petróglifos e ruínas de moinhos de cana, passam por macacos selvagens e terminam em praias isoladas, excelentes para mergulhar com *snorkel* em meio a tartarugas e arraias-pintadas. No cair da noite, turistas, boêmios e *hippies* aficionados por *reggae* brindam o fim de mais um dia em festas diárias que acabam sempre nas ruas. Já na outra extremidade, o clima de *happy hour* cede espaço para o sossego quase desconcertante da Baía Coral, no East End.

Saint John pertence ao arquipélago das Ilhas Virgens Americanas, no Caribe.

Protegida por um parque nacional, a baía Trunk impressiona com sua vegetação exuberante

Saint Barthélemy

Nem parece Caribe. Não há salsa tocando nos bares, tampouco se veem garçons de camisas floridas servindo tequila. As pessoas falam francês e, pela quantidade de lanchas e iates ancorados no porto, seria possível pensar que se trata de Saint-Tropez (França) ou Mônaco. Mas as praias de areia branca e mar de um azul perfeito são inconfundíveis: ali só pode ser Caribe. A despeito dessa bem-vinda coincidência geográfica, Saint Barthélemy – ou simplesmente St. Barth – difere de qualquer outra ilha da vizinhança. A começar pelo fato de ser a mais chique, refúgio de verão de famosos e endinheirados do mundo inteiro. Minúscula, com apenas 21 km², a ilha esconde belas praias e hotéis de poucos quartos e muito luxo. Também há espaço para anônimos fora do *jet set*. Há, inclusive, uma comunidade tranquila de nativos de regiões rurais e costeiras da Normandia, com casinhas de pedra e atmosfera mais rústica. Em outros pontos, como a capital Gustávia, a arquitetura lembra os tempos de domínio sueco. E esse contraste de culturas acaba se refletindo na culinária local, que mistura a maestria da cozinha francesa com os explosivos sabores das ilhas caribenhas.

Saint Barthélemy pertence à região das Pequenas Antilhas, no Mar do Caribe.

Atmosfera **très chic** *de Saint Barth atrai celebridades e milionários do mundo inteiro para suas praias, banhadas pelo inconfundível Mar do Caribe*

Sint Maarten/ Saint Martin

Um pouco de Europa, muito de Caribe. Com esse *slogan*, a ilha dividida entre Sint Maarten ao sul (de influência holandesa) e Saint Martin ao norte (de possessão francesa), tenta explicar sua mistura de grafias, pronúncias e culturas com praias de um azul indescritível. De um lado, a língua oficial é o holandês e a moeda, o florim antilhano (mas, na prática, todo mundo fala inglês e paga em dólar). Do outro, a população é fiel ao francês e ao euro, embora também seja possível usar as verdinhas do Tio Sam. Para gastar e se divertir, Sint Maarten é mais indicado, com vida noturna intensa, cassinos e boas opções de compras livres de impostos. Já quem prefere uma atmosfera mais sofisticada deve optar pelo lado francês, onde a arte do bem-viver é levada a sério em hotéis de charme, lojas de grife e pratos regados aos melhores vinhos de Bordeaux. Em comum, tanto o norte como o sul apresentam restaurantes excelentes e praias belíssimas para todo perfil de turista.

St. Maarten e St. Martin pertencem à região das Antilhas, no Caribe, e fica a 250 km de Porto Rico.

Há praias para todo tipo de viajante, desde aviões (pé da página) que tiram fina dos banhistas na Maho Beach até o nudismo na Orient Beach

Colônia inglesa dispõe de uma densa floresta tropical, cujo verde contrasta com as várias nuanças de azul do mar

Santa Lúcia

Dona de uma beleza natural incomparável até mesmo para os padrões caribenhos, a ilha de Santa Lúcia é abençoada por uma densa floresta tropical cercada por praias de areias brancas e finas, com águas cristalinas cujo tom varia a todo momento entre o verde e o azul. Também é ali que fica um dos maiores símbolos do Caribe: os Píton, dois cones vulcânicos que despontam em uma área de conservação declarada Patrimônio da Humanidade. O passeio de barco mais concorrido leva os turistas para ver baleias e golfinhos bem de perto. Também é possível mergulhar com cilindro no aquário natural da região de Aquabulle. Já quem prefere aventuras em terra firme pode percorrer trilhas de bicicleta, a cavalo ou a pé. Quase todas vão dar em belas praias e devem ser feitas na companhia de guias especializados, pois é fácil se perder. Há ainda um passeio especial pela floresta que mescla atividades como arvorismo e tirolesa. Impossível não se sentir Tarzan por um dia.

Santa Lúcia fica ao sul das Pequenas Antilhas, no Caribe.

Cozumel

Meca dos praticantes de mergulho, Cozumel é a maior ilha do México e também uma das mais exploradas pelo turismo internacional. Foi nessa região, situada perto de Cancún, que uma das primeiras levas de caravelas espanholas aportou no início do século 16, durante o descobrimento e a colonização das Américas. Prova disso é que o templo maia de El Caracol, que fica na ilha, serviu como sede da primeira missa católica celebrada em solo mexicano. Para chegar a Cozumel, pode-se pegar um voo direto de Cancún, com ínfimos 15 minutos de duração, ou seguir de *ferryboat* por 40 minutos a partir de Playa del Carmen. Bem preservada, a ilha conta com um mar de águas transparentes, que abrigam parte da segunda maior barreira de corais do planeta (a primeira é a da Austrália). Destaque para os recifes de Chacanab, Paso el Cedral e Colombia, cujos paredões de até 100 metros de profundidade "içam" os mergulhadores graças à agitada correnteza local e ainda servem de morada para moreias, esponjas, lagostas e caranguejos gigantes.

Cozumel fica próximo à Riviera Maia, a 19 km da Península de Yucatán, no México.

Ilha mexicana abriga parte da segunda maior barreira de corais do planeta

Restaurantes à beira-mar e esportes aquáticos são as grandes atrações da mais charmosa ilha de Honduras

Roatán

Para quem tem fome de adrenalina, Roatán é um prato cheio. A lista de atividades que podem ser praticadas na mais charmosa das Islas de la Bahía, em Honduras, inclui tirolesa, pesca em alto-mar e uma visita ao arquipélago de Cayos Cochinos. Esportes aquáticos e mergulho nas intocadas áreas de corais, claro, são a grande atração desse pedacinho de terra, com 83 km² e 50 mil habitantes, cercado pelas águas do Mar das Caraíbas. Também é possível viver aventuras em chão firme, como passear pelos jardins botânicos de Carambola, visitar a fábrica de artesanato Stone Castle Cameo ou cavalgar por praias de areia branca e águas translúcidas, que em nada deixam a desejar se comparadas com o Caribe propriamente dito. Famílias com crianças também curtem bastante o Gumbalimba Park, que abriga muitos macacos, araras, iguanas gigantes e plantas de inúmeras espécies e fica pertinho da bela praia de Tabyana. E se seus músculos pedirem arrego depois de tantos esportes radicais, aproveite para relaxar no spa Sante Wellness Retreat, que oferece tratamentos em áreas verdes de paisagismo impecável, repletas de papagaios e beija-flores.

Roatán fica a 56 km da costa de Honduras, no Mar das Caraíbas, entre Útila e Guanaja.

Ambergris Caye

Maior ilha de Belize, Ambergris Caye ganhou fama quando Madonna elogiou a beleza de sua encosta, que teria inspirado a *pop star* a compor um de seus grandes hits: *La Isla Bonita*. Mas nem isso tirou a atmosfera pacata da região, que povoa os sonhos de dez entre dez mergulhadores por servir de ponto de apoio a quem deseja explorar a cobiçada Barreira de Corais do Belize, a segunda maior do mundo. Classificado como Patrimônio Mundial da Unesco em 1996, o gigantesco arrecife serve de refúgio para diversas espécies de animais e plantas aquáticas em perigo de extinção. A maioria dos 15 mil habitantes de Ambergris Caye vive em San Pedro, no extremo sul. Trata-se da única cidade de fato em toda a ilha, com aeroporto e boas estâncias turísticas. Mesmo assim, não espere um zum-zum-zum urbano. Até o tráfego fica por conta de bicicletas e quadriciclos, sem pretensões de modernidade nem alusões à música de toque espanhol que tanto encabeçou as paradas de sucesso na década de 1980.

Ambergris Caye pertence a Belize e fica no Mar das Caraíbas.

Apesar do sucesso do hit de Madonna, Ambergris Caye mantém ares pacatos

Bonaire

Ao lado de Aruba e Curaçao, Bonaire forma o famoso ABC caribenho das Antilhas Holandesas. Tranquila e repleta de riquezas naturais, a ilha foi originariamente povoada pelos índios caiquetio e arawak. Depois, diversos países europeus disputaram o território até que, em 1954, os holandeses dominaram definitivamente a região. Há dois motivos básicos que fazem esse pedaço de terra ser venerado por turistas de todo o planeta. O primeiro é que quem chega por lá encontra tudo o que o Caribe oferece de melhor: praias de areias brancas com palmeiras, mar salpicado por todos os tons imagináveis de azul e um povo hospitaleiro. O segundo é que Bonaire fica fora da rota dos furacões que costumam assolar muitas de suas vizinhas entre os meses de agosto e outubro. Rústica e reservada (bem diferente do clima de festa que impera em Aruba), a ilha é indicada principalmente para quem viaja a dois ou é apaixonado por mergulho. Afinal, suas águas servem de morada para mais de 400 espécies de peixes e cem tipos de corais. Outros atrativos turísticos muito procurados são o Museu Boneriano e os diversos quilômetros de praias com areia cor-de-rosa, formadas por coral-rocha e povoadas por colônias de flamingos.

Bonaire fica na região sul do Mar do Caribe, próximo à costa da Venezuela.

Litoral de Bonaire serve de morada para mais de 400 espécies de peixes e cem tipos de corais

Patrimônio Mundial da Unesco, Willemstad apresenta um colorido casario típico colonial

Curaçao

Temperada com costumes holandeses que podem ser apreciados tanto na arquitetura como na cultura popular, Curaçao vive em constante clima de festa. A vida noturna em bares, danceterias, cassinos e hotéis de luxo se assemelha à da vizinha famosa, Aruba, que quase sempre faz parte do roteiro de quem visita a região. Os atrativos começam na origem do seu nome (que significa "arte de curar"), passam pelas lindas praias e alcançam o encantador universo subaquático que atrai mergulhadores de todas as partes do mundo. Isso sem falar nas noitadas regadas a drinques à base de Curaçao Blue. Patrimônio Mundial da Unesco, a capital Willemstad é um dos melhores destinos de compras do Caribe, com zona franca. Não bastasse esse atributo, a cidade ainda mescla um lindo casario típico colonial com praias de mar azul-esverdeado e céu de brigadeiro em praticamente todos os dias do ano. Vale mergulhar em Superior Producer para ver de perto um cargueiro que afundou em 1978 e, na costa oeste, submergir em um recife artificial de carros antigos ou visitar as cavernas do Parque Cristoffel, que guardam pinturas dos primeiros habitantes da ilha.

Curaçao faz parte das Antilhas Holandesas, situadas ao sul do Mar do Caribe.

Águas cristalinas da ilha colombiana abrigam todas as espécies que compõem a requintada culinária local

San Andrés

As águas que banham a ilha colombiana de San Andrés apresentam tantas nuanças de azul que a região ficou conhecida como Mar de Sete Cores. Mas não é só do lado de fora que a paisagem surpreende com suas variações. Submerso, jaz o terceiro maior recife do planeta, lar de pargos, lagostas, caramujos e caranguejos que compõem a requintada gastronomia local. Tão diversa quanto a vida marinha e os temperos da culinária é a cultura, que dá identidade única aos moradores, descendentes de corsários e ingleses. Boa parte deles fala melhor inglês do que espanhol, além do *creole* e da chamada língua franca, que mistura inglês e francês. Simpáticos, oferecem passeios de veleiro e ultraleve para quem prefere conferir todas as colorações do mar sob outra perspectiva. As orlas de Spratt Bight, Rocky Cay, Path Way, San Luis e Acuario são as mais procuradas. Dá vontade de passar o dia inteirinho nelas, só se revezando entre a areia e o mar. Mas reserve um tempinho também para compras. Afinal, a ilha é zona franca, o que significa que você encontrará muitas bebidas, eletrônicos e perfumes importados a preços que dificilmente verá no Brasil.

San Andrés fica perto da Nicarágua e a cerca de 700 km da Colômbia.

Los Roques

Com geografia semelhante à de um atol, o arquipélago de Los Roques deixa qualquer um embasbacado diante das tonalidades do mar, ora com nuanças de verde, ora azul-claro como uma piscina. A razão está em uma feliz coincidência de fatores, mas deve-se principalmente à areia branquíssima e à ausência completa de rios e correntezas marinhas que pudessem levantar partículas em suspensão na água. Tamanha transparência, claro, faz da região o sonho de dez entre dez mergulhadores. Afinal, a rica vida marinha completa magistralmente a experiência com uma centena de espécies de corais que servem de abrigo e maternidade para esponjas, peixes coloridos, lagostas, tartarugas, arraias e até tubarões. Quase toda a população vive na ilha de Gran Roque, a maior do arquipélago, onde estão o aeroporto e o minúsculo vilarejo, que pode ser facilmente percorrido em cinco minutos de caminhada. Lá, vale subir até o alto do morro do antigo farol, construído por holandeses em 1870, para observar a paisagem. Dá para avistar a vila inteira, a pista de aterrissagem e algumas ilhas próximas, como Francisqui e Madrisqui, onde estão as praias mais bonitas.

Los Roques fica no Mar do Caribe, a 170 km da costa de Caracas, capital da Venezuela.

Mar de Los Roques fascina mergulhadores e viajantes com suas inúmeras tonalidades

Fernando de Noronha

Dificilmente alguém encontra uma lista de praias mais bonitas do mundo sem a presença de Fernando de Noronha entre as *top ten*. Além da famosa Praia do Sancho e da Baía dos Porcos, o arquipélago mais desejado do Brasil ostenta pelo menos outras 14 faixas de areia deslumbrantes, cujas belezas são preservadas com o máximo de cuidado. Para observar tudo isso, os turistas costumam se dirigir aos diversos mirantes naturais, como o que pontua o local das ruínas do Forte de Nossa Senhora dos Remédios e o fantástico mirante do Boldró, onde muita gente se reúne nos fins de tarde para apreciar o pôr do sol. De quebra, tem-se a possibilidade de mergulhar com tartarugas marinhas, navegar lado a lado com golfinhos, aventurar-se em trilhas ecológicas e curtir o bem-bom em algumas das pousadas mais charmosas do País. O único porém é que os preços geralmente se mantêm à altura das belezas do destino, que ainda cobra taxas ambiental e de preservação do Parque Nacional Marinho. Pior: essas tarifas crescem progressivamente conforme o tempo de permanência na ilha. Mas pode acreditar: será o dinheiro mais bem gasto da sua vida.

Fernando de Noronha fica no Nordeste do Brasil, a 345 km de Natal (RN) e 545 km de Recife (PE).

Praias da Conceição e a icônica Baía dos Porcos (abaixo) estão sempre inserindo o Brasil nas listas dos destinos de praia mais bonitos do mundo

Oceano Pacífico

Bora Bora

Uma das estrelas da Polinésia Francesa, Bora Bora é simples de ser descrita: trata-se de uma ilha, coberta de verde, no meio de uma lagoa de águas límpidas. A magia que envolve esse cenário natural, no entanto, é indescritível. Para começar, não é sempre que se vislumbra uma lagoa no meio do oceano. Na verdade, o cordão de ilhotas represa a água do mar, criando a ilusão de se estar em uma grande lagoa azul. Para entender melhor, imagine um vulcão emergindo do fundo do oceano, lançando suas lavas longe o bastante para formar um círculo de pequenas ilhas e arrecifes. Entre o vulcão e a barreira de massa incandescente, o mar penetrou criando uma piscina de águas rasas. As encostas da cratera ganharam vegetação e a lava foi encoberta por corais ao longo de 5 milhões de anos. Nascia Bora Bora, uma das ilhas mais românticas do Pacífico. E não é para menos: quem se hospeda ali pode admirar o mar sob os pés, em um bangalô com chão de vidro. Impossível não se apaixonar.

Bora Bora é uma ilha do arquipélago de Sociedade, na Polinésia Francesa, localizado no Pacífico Sul.

Quem se hospeda em Bora Bora tem o privilégio de contemplar o mar azul sob os pés, em românticos bangalôs com piso transparente

Bangalôs sobre o mar calmo e azulzinho de Moorea resumem bem tudo o que a Polinésia Francesa oferece de melhor

Moorea

Localizada a apenas 20 km do aeroporto do Taiti, ilha vizinha, Moorea é a mais perfeita síntese da imagem clássica que povoa o imaginário de quem sonha em conhecer a Polinésia Francesa: bangalôs charmosos sobre um mar de tonalidades tão estonteantes que parece ter sido retocado no Photoshop, com muitos corais e peixes coloridos. E isso tudo não é mera propaganda. Antes mesmo de aterrissar na região, o turista já percebe, pela janela do avião, que aquele cenário de cartão-postal existe e fica até mais bonito ao vivo. Também descobre que seus atributos estão longe de se restringir às belíssimas praias. Isso porque, além delas e da considerável variedade de resorts, quem decide passar uns dias em Moorea tem a oportunidade de visitar antigos templos polinésios, mergulhar na Opunohu Bay com tubarões e arraias, passear por jardins de hibiscos e subir em mirantes para ver todo esse esplendor da natureza lá de cima, sem saber ao certo se o céu está de fato em cima ou abaixo de seus pés.

Moorea pertence ao arquipélago de Sociedade, na Polinésia Francesa, a 17 km da costa do Taiti.

Bali

Das mais de 17 mil ilhas que pontilham o litoral da Indonésia, Bali é, sem dúvida, a mais visitada. E não é para menos. Praticamente toda a população hindu do país (de maioria muçulmana) vive nesse pequenino pedaço de terra cercado pelas águas do Pacífico, o que tornou o destino mundialmente conhecido por suas manifestações culturais exóticas. Povoada por volta de 3.000 a.C., a chamada Ilha dos Deuses tem atmosfera serena, com praias de areias albinas e mar verde-esmeralda. A única exceção é a capital, Denpasar, onde o trânsito desafia os nervos de qualquer um. Por isso, a maioria dos visitantes segue para Nusa Dua, uma bela península na porção sul da ilha. É lá que grandes cadeias hoteleiras instalaram seus resorts, tão magníficos quanto os templos espalhados pela ilha, como o Tanah Lot e o milenar Luhur Uluwatu, que vive cercado de macacos sempre prontos para "surrupiar" comida de algum incauto. Também não deve ficar de fora do roteiro uma visita à fonte sagrada Tirta Empul, que data do século 10º. Os balineses acreditam que esse complexo de piscinas de água corrente foi criado pelo deus Indra para fazer o *amerta*, elixir da imortalidade.

Bali integra o arquipélago das Pequenas Ilhas de Sonda, entre Java e Lombok, na Indonésia.

Águas límpidas, manifestações culturais e templos hindus (página ao lado) fazem de Bali um dos destinos mais exóticos do planeta

Yasawa: cruzeiros partem de Viti Levu com destino a esta pacata ilha, farta em resorts de luxo

Fiji

Milhares de ilhotas compõem o arquipélago de Fiji, próximo à Austrália. A principal e maior delas é Viti Levu, que ficou bastante conhecida pela prática de surfe e por ter servido de cenário para o clássico filme *A Lagoa Azul*. De lá, partem cruzeiros de três a sete noites rumo às ilhas de Mamanuca e Yasawa – ambas fartas em resorts de luxo com banheiras de frente para o mar. Mas os atrativos turísticos mais procurados ficam mesmo ali, na cidade de Nadi, que abriga o maior aeroporto do país. Enquanto os sofisticados hotéis na Coral Coast fazem um quase irresistível convite ao ócio, bem ao estilo *fijian time* (que define a vida sem pressa no arquipélago), Nadi e seus arredores oferecem atividades que exigem muita disposição, como *rafting*, mergulho e trilhas rumo a cachoeiras. Outro programa local é conhecer a cultura dos fijianos, considerados o povo mais feliz do mundo pela maioria dos turistas. Nesse caso, vale visitar vilarejos nativos, assistir a danças típicas e entrar em igrejas para ouvir os corais de moradores, que sempre recebem os estrangeiros com um alto e sorridente *bula* ("bem-vindo", em português).

As Ilhas Fiji pertencem à Oceania e ficam no Pacífico Sul, a oeste da Polinésia.

Ilhas Cook

Com praias perfeitas, uma selva fechada e lagoas de corais, as 15 ilhas que compõem o arquipélago de Cook despertam o Robinson Crusoé que existe dentro de cada turista. Afinal, não é nada fácil chegar a esse remoto trecho do Pacífico Sul, que mantém livre associação com a Nova Zelândia, embora a 2.700 km do país, num ponto perdido entre Samoa e Taiti. São necessárias mais de quatro horas de voo para ir de Auckland, principal cidade neozelandesa, até Rarotonga, a maior e mais desenvolvida ilha de Cook. Porém, o exotismo das paisagens compensa a dificuldade de acesso. Embora a mão seja inglesa – assim como o idioma –, vale fazer uma carteira de motorista local em Avarua (basta apresentar a versão brasileira, tirar foto e pagar uma taxa) para alugar um carro e explorar os encantos da ilha a seu bel-prazer, com direito a relaxar na espetacular praia de Muri Beach e mergulhar entre os corais da Aro'a Beach, muito frequentados por tartarugas, polvos, peixes-leões e baiacus. Por fim, quando a fome apertar, pare em algum restaurante à beira-mar e peça o delicioso *ika mata*, prato típico feito de peixe cru (geralmente marlim, mahi-mahi ou atum) curtido com limão e leite de coco.

As Ilhas Cook estão a 2.700 km da Nova Zelândia, entre Samoa e Polinésia Francesa.

Todas as 15 ilhas que compõem o arquipélago de Cook têm belas praias, com areia alva e mata fechada

Nova Zelândia

Meca dos esportes de aventura, a Nova Zelândia tem pouco mais de 4 milhões de sortudos habitantes, que convivem harmonicamente com a natureza exótica, bela e incomum da ilha. A maior parte dos estrangeiros se concentra em Auckland, a cidade mais cosmopolita, sempre repleta de veleiros e com vida noturna intensa. Lá, vale subir a Sky Tower: torre de 150 metros que abriga um cassino, hotéis e restaurantes. Para os mais aventureiros, o *sky jump* (salto do topo do edifício) é adrenalina garantida. Outros destaques são a praia Mission Bay, que lota aos fins de semana, e o aquário Kelly Tarltons, onde os visitantes passam por um tubo de acrílico cercado de tubarões, arraias e tartarugas. Também há vida além de Auckland, principalmente para quem pega um barco rumo às ilhas vizinhas, com direito a avistar golfinhos e baleias ao longo do trajeto. Quer mais? Então, confira o encontro do Pacífico com o Mar da Tasmânia em Cape Reinga, fotografe as cavernas em Waitomo e pratique esportes radicais como *sky dive*, *rafting* e *bungee jumping* acima do Rio Waikato – uma das paisagens mais lindas do mundo.

A Nova Zelândia fica a 2 mil km da Austrália, na região sudoeste do Oceano Pacífico.

Fora do agito de Auckland, o cenário passa a ser dominado por paisagens bucólicas, como os lagos cercados por jardins de Tekapo (página ao lado) e as montanhas douradas de Wanaka

Whitsunday

Formado há milhões de anos, o maior grupo de ilhas em alto-mar da Austrália só foi batizado em 1770, quando o lendário Capitão Cook passou por ali na época das festas do Divino Espírito Santo (em inglês, *Whitsunday* é sinônimo de Pentecostes). De lá para cá, muita água – cristalina, claro! – rolou por aquelas paragens habitadas pelos aborígenes ngaro, que viviam principalmente da pesca. Afinal, suas 74 ilhas são cercadas pela Grande Barreira de Corais (a maior do planeta), tornando -as um sonho de consumo para qualquer mergulhador que se preze. Milhares de turistas visitam a região todos os anos para submergir nas águas azul-turquesa do chamado Mar de Coral, que alberga uma vida marinha espetacular. Não à toa, a fauna e a flora são patrimônio do arquipélago, que abriga tartarugas, baleias e mais de 150 espécies de aves. Fora da água, o visitante se regala com os mimos de hotéis e resorts erguidos à beira de praias belíssimas, cercadas de palmeiras, areias branquinhas e... nada mais.

Whitsunday fica ao largo da costa de Queensland, no nordeste da Austrália.

Ilhas australianas têm muitos bancos de areia e piscinas naturais cercadas pela maior barreira de corais do mundo

Tasmânia

Impossível falar da Tasmânia e não se lembrar do maior carnívoro marsupial da atualidade. Só existente ali, o diabo-da-tasmânia até já virou personagem de desenho animado e habita todos os cantos da ilha, sobretudo as florestas. Mas está longe de ser a única atração exótica desse trecho de terra perdido no litoral australiano. Picos nevados, lagos, rochedos e escarpas se espalham por toda a costa, compondo uma paisagem esplendorosa. A capital, Hobart, tem vida noturna agitada. A 20 minutos de carro dali, está Vila Richmond, onde ficam as ruínas de antigos presídios de degredados. Quem prefere roteiros ecológicos pode rumar aos topos dos montes Wellington e Nelson. Nenhum passeio estará completo, no entanto, se o viajante não visitar alguns dos 18 parques nacionais, que oferecem trilhas e esportes radicais. Um passe vendido nos pontos de informações turísticas de Hobart dá direito a entrar em todos. Fora isso, vale alugar um carro 4×4 e se aventurar nas montanhas. As paisagens são lindas e há vários vilarejos pelo caminho.

A Tasmânia fica a cerca de 240 km da costa sudeste da Austrália, na Oceania.

Vales contornados por rios e vegetação exuberante se espalham por todo o território

Willys Rock: na maré alta, santuário erguido no topo de uma rocha fica ilhado pelas águas do mar

Boracay

Enquanto muitas ilhas do Pacífico, como Bali e Taiti, ficam lotadas de turistas, Boracay, nas Filipinas, goza de uma relativa tranquilidade, mesmo tendo tudo tão concentrado em um território com pouco mais de 10 km² – dá para percorrer a ilha inteira de bicicleta ou velejando sem se cansar. Por trás das proporções diminutas, porém, estão escondidas praias grandiosas, tanto na beleza como na quantidade de atrativos. A praia de Yapak Beach (ou Puka) é conhecida pelas suas lindíssimas conchas brancas. Já White Beach tem um pôr do sol inigualável e excelente estrutura turística, com serviços que vão desde massagistas de rua até mordomias de grandes resorts instalados ao longo dos seus 4 km de orla. Bulabog, por sua vez, é mais procurada por praticantes de esportes náuticos. E a reclusa Balinghai Beach é perfeita para casais apaixonados. À noite, castelos de areia à luz de velas disputam a atenção com o burburinho que adentra a madrugada nos restaurantes e bares. E quem gosta de arriscar umas tacadas encontra na ilha um campo de golfe de classe mundial, com 18 buracos.

Boracay pertence às Ilhas Visayas e fica a 315 km de Manila, nas Filipinas.

Ilha tailandesa conta com mais de 60 escolas de mergulho para quem sonha em nadar rodeado de peixes

Koh Tao

Se você quer aprender a mergulhar ou fazer um curso avançado para explorar mares mais profundos, a magnífica ilha de Koh Tao, na Tailândia, é o destino certo. Lá, o sol brilha 300 dias por ano e as praias têm águas tão transparentes que garantem visibilidade mesmo em pontos do oceano com grande profundidade – sobretudo a partir do final de janeiro, quando a época de chuva já passou e a luz do dia volta a ganhar intensidade. Não por acaso, há mais de 60 escolas de mergulho na ilha, cujo nome homenageia as inúmeras tartarugas marinhas que habitam a região. Com tanta oferta, não é de se estranhar que os preços de treinamentos, batismos, certificados e afins sejam os mais baratos da Tailândia. Mesmo quem não é chegado a *snorkels* e cilindros de ar comprimido encontra muito o que fazer em Koh Tao. Para os baladeiros de plantão, por exemplo, não faltam festas na praia nem casas noturnas que tocam de tudo madrugada adentro. Já quem prefere programas sossegados ou românticos pode optar por resorts mais isolados, que ficam em praias praticamente particulares. Seja acima ou debaixo d'água, uma coisa é certa: não faltarão fotos bonitas para guardar de lembrança.

Koh Tao fica no Golfo da Tailândia e pertence à província de Surat Thani.

Okinawa

Embora pertença ao Japão, Okinawa tem identidade, costumes e sabores próprios. Graças à localização estratégica, a região foi um importante entreposto comercial entre povos malaios, chineses e nipônicos, o que resultou em uma cultura completamente distinta da japonesa, até mesmo no dialeto falado. Naha, a capital, serve de ponto de partida para os passeios que levam às demais ilhas do arquipélago, famoso por suas praias de areias alvas e águas azuis. Vale ficar pelo menos três dias ali para conhecer um pouco mais de sua história em monumentos como o Castelo de Shuri, declarado Patrimônio da Humanidade pela Unesco, e os locais que testemunharam a Segunda Grande Guerra em Himeyuri. Mas é o mar que mais chama a atenção dos turistas, que podem praticar kitesurfe, velejar, passear de caiaque, mergulhar em um dos ambientes marinhos mais ricos do mundo e participar de animados luaus ao som do banjo *sanshin*, com direito à alegre dança *eisa* regada a doses do destilado *awamori*. A isso, somam-se belas construções históricas, ateliês de cerâmica, uma deliciosa gastronomia e, como não poderia deixar de ser, academias de caratê, já que Okinawa é a pátria do esporte.

Okinawa fica ao sul do Japão, a cerca de 2 mil km de Tóquio, entre as ilhas de Ryukyu e Taiwan.

Vale passar uns dias em Naha, para visitar monumentos como o Castelo de Shuri, declarado Patrimônio da Humanidade

Ilha havaiana atrai milhares de surfistas atrás da onda perfeita

Maui

De todas as ilhas do Havaí, Mauiu é, sem dúvida, uma das mais famosas e radiantes. Desde os anos de 1960, muita gente opta pelos 30 minutos de voo a partir de Honolulu, a capital do arquipélago, só para passar uns dias no local, que atrai desde surfistas atrás da onda perfeita e *hippies* em busca de energias revitalizantes até milionários alinhados ao clima de férias eternas que impera na região. Para atender a um público tão diverso, não faltam opções de hospedagem, que vão de albergues a resorts de luxo, de alojamentos modestos a spas sofisticados. De quebra, todos são brindados com uma natureza exuberante, formada por delicadas florestas de bambus, praias de águas translúcidas e imponentes cachoeiras do Parque Nacional de Haleakala. Para os que desejam vivenciar mais a fundo a cultura da ilha, por sua vez, não se pode deixar de dar outras duas dicas preciosas: participar do Festival de Cinema de Maui, em junho, e visitar o vilarejo havaiano de Keanae, onde o tempo parece passar em um ritmo diferente, mais tranquilo e feliz, como tudo na ilha.

Maui fica no arquipélago do Havaí, quase na metade do caminho entre Estados Unidos e Japão.

Kauai

Aloha! Essa é a primeira palavra que todo mundo ouve assim que chega ao Havaí. É a saudação típica local, que significa algo como tudo de bom que alguém possa desejar a outra pessoa. Depois dos cumprimentos, todo turista ganha um colar de flores, arranca os sapatos, veste uma roupa florida e, enfim, fica pronto para entrar no clima dos nativos, um povo que parece estar eternamente de férias. Na sequência, decide se vai se hospedar ali mesmo, em Oahu, ou se vai seguir para outras ilhas, como Kauai, também chamada Garden Island ("ilha jardim", em português) por sua vegetação frondosa, que serviu de pano de fundo para as gravações do filme *Jurassic Park*. Apesar da fama de lugar mais chuvoso da face da Terra, com média de surpreendentes 350 dias de precipitação por ano, algumas das paisagens mais bonitas de todo o arquipélago estão ali. A começar pela Baía de Hanaleia, onde cachoeiras despencam do alto de falésias diretamente no mar, conferindo um visual único aos privilegiados velejadores que costumam "bater cartão" na praia, de mais de 3 km de extensão.

Kauai fica no arquipélago do Havaí, quase na metade do caminho entre Estados Unidos e Japão.

Apesar da alta incidência de chuva, Kauai tem uma frondosa vegetação e cachoeiras enormes (abaixo), que já serviram de cenário para o filme Jurassic Park

Arquipélago tem paisagens inóspitas e a segunda maior reserva marinha do mundo, com animais das mais variadas espécies (abaixo)

Galápagos

Quase todo mundo que visita o arquipélago de Galápagos tem o mesmo desejo inconfesso: sentir-se um pouquinho como Charles Darwin, o cientista inglês que aportou por lá em 1835 para colher dados fundamentais para a elaboração de sua revolucionária Teoria da Evolução das Espécies. Ele se surpreendeu com as características únicas dos animais que habitam a segunda maior reserva marinha do mundo, formada por várias espécies endêmicas – ou seja, que só são encontradas ali (cerca de 90% dos répteis e 50% das aves, por exemplo). As mais famosas são a tartaruga gigante que deu nome ao conjunto de ilhas, as iguanas, os tentilhões, os cormorões, os pinguins, os piqueros, as fragatas e a foca de dois pelos. Isso sem contar os visitantes, como pelicanos, flamingos, golfinhos, baleias e tubarões-martelo. Nenhum lugar do planeta abriga tantos animais exóticos. Cruzeiros de 15 dias com diferentes itinerários percorrem várias das 40 ilhas de Galápagos, passando por pontos como Mosquera, a grande reserva de leões-marinhos. Lá ou em qualquer outro ponto da região, duas coisas nunca podem faltar: máquina fotográfica e consciência ecológica.

Galápagos fica a cerca de 1 mil km da costa do Equador, na América do Sul.

Gigantescas estátuas de pedra parecem vigiar toda a encosta da ilha mais isolada do planeta

Ilha de Páscoa

Quando se ouve falar em Ilha de Páscoa, a primeira imagem que vem à cabeça são os moais, estátuas gigantes que parecem vigiar a encosta da porção de terra mais isolada do planeta – o povoado mais próximo fica a longínquos 3 mil km de distância. Enigmáticas, as figuras lapidadas em rocha de origem vulcânica chegam a ter 12 metros de altura e pesar algumas toneladas. Há mais de mil espalhadas pela ilha, sempre com a mesma expressão impassível, mirando o horizonte e desafiando os estudiosos, que nunca conseguiram explicar sua origem nem a forma com que teriam sido carregadas até os mais diversos pontos da ilha. Procurando decifrar esse mistério, os turistas encontram duas opções distintas de hospedagem. A primeira são as residências dos pascoenses, geralmente rústicas e sem conforto, mas econômicas. A segunda são as poucas pousadas e hotéis da ilha, que são aconchegantes, mas costumam estar sempre cheios. Qualquer que seja a escolha, deve-se reservar um dia para acordar antes do nascer do sol. Afinal, é inesquecível assistir ao grande astro aparecer do oceano enquanto aves, grilos e outros animais saúdam a chegada do novo dia e arrepiam até o mais cético dos visitantes.

Embora pertença ao Chile, a Ilha de Páscoa fica a 3,7 mil km da costa do país, na Polinésia Oriental.

Todas as fotos divulgadas neste livro
são creditadas ao site Shutterstock.com, com exceção
da foto das páginas 54-55, que é de Divulgação.